www.tredition.de

AF216879

Gerit Mehnert

Herzsaison

Gedichte & Fotografien

www.tredition.de

© 2015 Gerit Mehnert/Rechteinhaber

Umschlaggestaltung: Gerit Mehnert
Bildbearbeitung: Thomas Kaiser, Daniel Mehnert
Korrekturlesen: Toni Mehnert
Foto Rückseite Umschlag: Torsten Mehnert
Engelsfiguren auf Seite 34 und 38 von: Pfennigpfeiffer Dako WHGmbH
01723 Kesselsdorf

Verlag: tredition GmbH

ISBN Paperback: 978-3-7323-6102-1
ISBN Hardcover: 978-3-7323-6103-8
ISBN e-Book: 978-3-7323-6117-5

Verlag: Tredition GmbH, Hamburg

Bibliografische Information der Deutschen Nationalbibliothek:
Die Deutsche Nationalbibliothek verzeichnet diese Publikation in der Deutschen Nationalbibliografie; detaillierte bibliografische Daten sind im Internet über http://dnb.d-nb.de abrufbar.

Inhaltsverzeichnis

Teil 1 – Augenblicke des Lebens

Augenblicke 11

Sehnsucht 13

Grenzenlos 15

Meine Kinder 17

Meißen 19

Die beste Freundin 21

Gespenstiger Traum 23

Frühlingsgedanken 25

Ohne Wärme 27

Herzenswünsche 29

Mein Traum- für Jonas 31

Nimm dir Zeit 33

Abschied 35

Am Gardasee 37

Ein Engel für dich 39

Teil 2 – Irrweg des Herzens

Verliebt 43

Die Sehnsucht bleibt 45

Immer wieder 47

Mein Herz 49

Mit deiner Liebe 51

Weihnachtswunsch 53

Nachgedacht 55

Geld vs Liebe 57

Tage ohne Licht 59

Chaos im Herzen 61

Absturz ins Nichts 63

Augenblicke

des Lebens

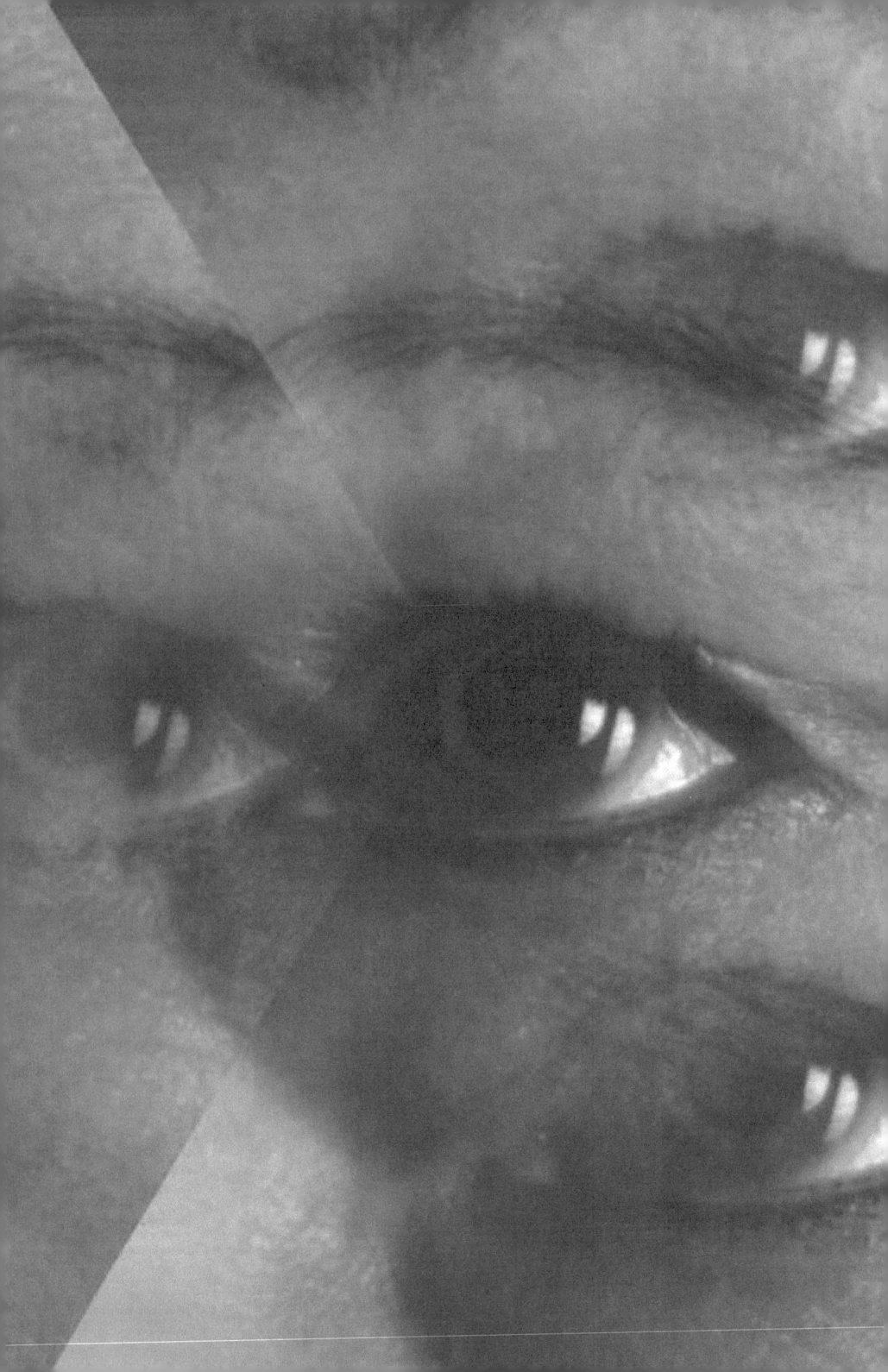

Augenblicke

Man hat Augen, um zu sehen
und um einen Blick zu verstehen.

Augen können so schön lachen,
ein Blick kann ein Feuer entfachen.

Augen können fragen,
ein Blick kann etwas sagen.

Augen können berichten,
ein Blick kann vernichten.

Augen können streicheln,
ein Blick kann schmeicheln.

Augen können lügen,
ein Blick kann betrügen.

Augen können weinen,
ein Blick kann verzeihen.

Augen sind die Spiegel der Seelen,
Blicke können so viel von ihnen erzählen.

Sehnsucht

An deine Liebe hatte ich geglaubt.
Nie mehr spür ich deine Wärme auf meiner Haut
und das Flimmern im Herz, wenn ich dich sehe.
Ich habe Sehnsucht nach deiner Nähe.

Deine Blicke bohrten sich in's Herz hinein.
Nie mehr wird ein Lächeln meine Antwort sein.
Deine Leidenschaft lässt du im Keim ersticken.
Ich habe Sehnsucht nach deinen Blicken.

Deine Küsse waren heiß wie Feuer,
für dich war es nur ein Abenteuer.
Nie mehr wirst du um einen Kuss mich bitten.
Ich habe Sehnsucht nach deinen Lippen.

Zärtlich hattest du mich berührt.
Aus Liebe hätte ich dich verführt.
Nie mehr wirst du mir Signale senden.
Ich habe Sehnsucht nach deinen Händen.

Grenzenlos

Grenzenlos ist die Liebe, die ich zu geben vermag,
grenzenlos die Sehnsucht nach dir, jeden Tag.
Grenzenlos mein Verlangen nach Geborgenheit,
der Weg dorthin scheint unendlich weit.

Grenzenlos ist das Meer, wenn ich am Ufer stehe,
grenzenlos der Himmel, wenn ich nach oben sehe.
Grenzenlos ist das All und die Zeit,
der Weg dorthin scheint unerreichbar weit.

Grenzenlos ist der Krieg auf dieser Welt,
grenzenlos die Angst, die mich quält.
Grenzenlos der Wunsch, dass man Frieden sät,
auf dem Weg dorthin ist es vielleicht schon zu spät.

Meine Kinder

Das Wichtigste auf dieser Welt
sind nicht Status und nicht Geld.
Ihr Drei könnt mit einem Lachen,
aus allem etwas Gutes machen.

Jedes Kind ist ein kleines Wunder,
macht das Leben reicher und bunter,
wenn ich auch am Bettchen steh,
tut wieder mal das Bäuchlein weh.

Mal spielt ihr mit Freunden auf dem Hof,
mal keine Lust auf Schule, mal ist alles doof.
Am liebsten Spaghetti einen großen Berg
und Eis als Nachtisch ist nicht verkehrt.

Eure Augen strahlen dabei und ich sag,
ich bereue mit euch nicht einen Tag.
Es ist so schön, wenn ihr bei mir seid.
Ich danke euch von Herzen für die Zeit.

Meißen

Wehmütig schau ich am Stadtrand umher,
manch altes Gebäude gibt es nicht mehr.
Ich gehe hinüber in das Zentrum der Stadt
und sehe mir an, was es noch zu bieten hat.
Gemütlich spaziere ich durch die engen Gassen,
etliche Häuser sind schon dunkel und verlassen.
Ich setze mich in ein Café, wo es mir gefällt,
ein wunderschönes Flair, das mein Gemüt erhellt.
Diese Idylle lädt mich zum Träumen ein,
bei Kerzenschein und einem Glas Wein.
Doch vielleicht bin ich auch hier bald nicht mehr Gast,
denn das Historische weicht oft dem Glaspalast.
In Gedanken drehe ich weiter am Rad der Zeit,
inmitten von stummen Zeugen der Vergangenheit.

für Gisela

Die beste Freundin

Ich habe dich als Freundin gefunden,
du bist das Licht in dunklen Stunden.
Du bist da, wenn mich Sorgen quälen,
dir kann ich einfach alles erzählen.

Du bist der Boden, wenn ich den Halt verliere.
Du bist die Wärme, wenn ich fast erfriere.
Du bist der Realist, sind meine Augen fast blind.
Du holst mich zurück, laufe ich gegen den Wind.

Egal, wie steinig mein Weg auch ist,
ich weiß, dass du immer neben mir bist.
Durch dich habe ich den grauen Nebel besiegt.
Es ist einfach schön, dass es dich gibt.

Gespenstiger Traum

Ein staubiger Weg teilt in der Finsternis den Wald,
manch Baum zeigt jetzt seine gespenstige Gestalt.
Ein Käuzchen ruft in die dunkle Nacht,
all das hat mir Angst gemacht.

Das Rauschen der Blätter verschlingt meine Schreie,
hinter mir höre ich Schritte, ich weine.
Mein Herz schlägt bis zum Hals und ich lauf.
Plötzlich stehst du vor mir und fängst mich auf.

Frühlingsgedanken

Das Eis ist geschmolzen, der Schnee ist getaut,
die Sonne zaubert etwas Wärme auf meine Haut.
An den Bäumen sprießt das erste, zarte Grün,
die Veilchen auf den Wiesen fangen an zu blüh'n.

Plätschernd fließt das Wasser in einem Bach,
beobachtend hänge ich meinen Gedanken nach.
Das kühle Nass wird hier in seine Bahn gedrückt,
aufbrausend ist es wohl mal über's Ufer gerückt.

Die Vögel begrüßen mich mit ihrem Gesang
und ich laufe weiter den Weg im Tal entlang.
Vorbei an noch kargen Ästen und Zweigen,
auch sie werden in Kürze frische Triebe zeigen.

Der Himmel über mir scheint unendlich weit,
ich sehe in strahlendes Blau und vergess die Zeit.
Nun drängt der Frühling hervor mit aller Macht
und präsentiert schon bald seine ganze Pracht.

Ohne Wärme

Ich habe dein Streicheln auf meiner Haut gespürt,
doch du hast mich nicht wirklich mit Liebe berührt.

Ich habe deine Worte in meinen Ohren vernommen,
doch es ist nicht wirklich etwas bei mir angekommen.

Ich habe deine Blicke mit meinen Augen gefangen,
doch ich konnte nicht wirklich in deine Seele gelangen.

Ich habe dich mit Abstand in meiner Nähe gesehen
und wieder wird ein Tag ohne Wärme vergehen.

Herzenswünsche

Es war mein Wunsch, ein kleines Wesen von dir und mir.
Es sollte nicht geboren werden, nicht jetzt, nicht hier.
Im Traum sah ich meinen kleinen Sohn, traurig und allein.
In meinem Herzen wird er immer bei mir sein.

Unsere Hochzeit war mein Wunsch, deine Frau für alle Zeit.
Unendlich lang war ich zu diesem Schritt bereit.
Doch die Schatten der Vergangenheit halten Wacht.
Dein Gefühl hält Abstand und waltet mit Bedacht.

Von Anfang an war dieser Schatten da,
nie waren sich unsere Seelen wirklich nah.
Eine Liebe für den Rest meines Lebens,
das war mein Wunsch, leider vergebens.

Ein Ort zum Wohnen, mein Wunsch für uns Zwei,
auf der Suche danach war nichts Geeignetes dabei.
War es Zufall oder gelenkt von Schattenhand?
Es gab bisher nichts, was uns miteinander verband.

Die Kontrolle willst du nicht verlieren,
unbewusst wirst du mich damit regieren.
Manche Worte, die mir in den Ohren klingen,
sind Worte, die über mich bestimmen.

Ich habe Wünsche,
Wünsche, die von Herzen kommen,
von dir werden sie nicht wahrgenommen.

Jonah-
die Taube

Mein Traum-
für Jonas

Dein Leben war vorbei, bevor es richtig begann,
ich erinnere mich noch ganz genau daran.
Die Angst war damals stärker als der Schmerz,
was bleibt, ist die Wunde in meinem Herz.

Braune Augen und dunkles Haar,
kurz dachte ich, mein Traum ist wahr.
Ganz traurig hast du mich angesehen
und ich wollte dich in meine Arme nehmen.

So hilflos fühle ich mich selten im Leben,
jetzt würde ich dir so gern meine Liebe geben.
Ich denk ganz oft an diesen Tag zurück
und trauer um mein verlorenes Glück.

Zu gern würde ich mit dir spielen und lachen,
mal über die Stränge schlagen und Faxen machen.
Sonntags dein Lieblingsessen wählen,
abends kuscheln und Geschichten erzählen.

In meinem Herzen wirst du ewig weiter leben
und ich wollte dir noch einen Namen geben.

Nimm dir Zeit

Nimm dir Zeit, wenn der Tag beginnt,
weil er dir sonst viel zu schnell verrinnt.
Setz dich ganz in Ruhe an den Tisch
und zünd dir eine Kerze an, nur für dich.

Verrichte deine Arbeit nicht in Eile,
halte auch mal inne eine Weile.
Lass deinen Atem durch den Körper fließen,
deine Seele braucht die Zeit und wird es genießen.

Nach der Arbeit fahr nicht zu schnell nach Hause,
halt doch mal an und mach mal 'ne Pause.
Schau dich um, nur für einen Augenblick,
dieser Moment kommt nie mehr zu dir zurück.

Die Zeit bleibt nicht stehen,
doch du kannst auch langsam
mit ihr durch's Leben gehen.

Abschied

Eine liebe Seele ist gegangen,
hinauf in das ewige Licht.
In Trauer sind wir jetzt gefangen,
vergessen werden wir dich nicht.

Im Herzen können wir dich spüren,
du bist da, auf deine eigene Weise
und wirst uns gut durch's Leben führen,
mit deiner Liebe, ganz sanft und leise.

Unser Weg geht weiter hier auf Erden.
Wir haben noch zu lernen und zu verstehen.
Bis wir eines Tages auch gerufen werden,
dann werden wir uns wiedersehen.

Am Gardasee

Strahlend nimmt die Sonne ihren Weg durch die Bäume,
schimmernd antwortet ihr der See und ich träume.
Ein kleines Boot trägt mich sanft über Wellen hinweg,
flüsternd taucht der Wind auf in meinem Versteck.

Ich lieg ganz still und schau zum Himmelszelt,
derweil mir ein kleiner Vogel seine Geschichte erzählt.
In der Ferne thronen die Berge aus uralter Zeit,
eine dicke Wolke hüllt ihre Gipfel in ein weißes Kleid.

Leise dringt das Rauschen des Wassers an mein Ohr,
die Geräusche der Natur sind für mich der schönste Chor.
Behutsam von der Wärme des Sommers bedeckt,
hat mich der Schrei einer Möwe wieder geweckt.

Ein Engel für dich

Der Engel hier ist nur für dich allein.
Er soll dich schützen in dunklen Stunden.
Er schaut dir tief in's Herz hinein
und hilft zu heilen, deine seelischen Wunden.

Es werden Narben bleiben, ein Leben lang.
Sie sind ein Zeichen für überstandene Krisen.
Der Lernprozess „Leben" ist oft ein schwerer Gang.
Ich wünsche dir Kraft, aber nutze diesen.

Ich glaube an dich, du kriegst das hin.
Lass dich treiben durch das Tal der Schmerzen.
Jeder Sturz bringt dich voran, ist auch Gewinn.
Gib dem Glück ein Chance, ich wünsch's dir von Herzen.

Irrweg

des Herzens

Verliebt

Was hast du nur mit mir gemacht?
Ich muss an dich denken, Tag und Nacht.
Ziellos laufe ich durch den Garten,
hoff dich zu sehen, doch du lässt mich warten.

Es ist, als würde ich auf Wolken stehen,
kann ich in deine leuchtenden Augen sehen.
Es sind nur Sekunden, gefühlt eine Ewigkeit.
In diesem Moment wär ich zu allem bereit.

Schonungslos klopft die Sehnsucht bei mir an,
bin so aufgewühlt, dass ich nicht schlafen kann.
Ich träum mich in deine Arme und spür,
wie ich mich langsam an dich verlier.

Die Sehnsucht bleibt

Ich schau in deine Augen, ich schau in dein Gesicht.
Sie ist schön, die Art, wie du lachst und wie du sprichst.
Manchmal bist du mir ganz nah, so vertraut.
Es ist, als ob das Leben für uns eine Brücke baut.

In Gedanken bin ich ganz oft bei dir,
habe Angst, dass ich dein Lächeln verlier.
Nimm mich in deine Arme, halt mich ganz fest.
Ein Schritt, der meine Zweifel vergessen lässt.

Kann sein, dass dein Gefühl für mich nur zum Träumen reicht
und mich das Leuchten deiner Augen nicht mehr erreicht.
Meine Träume werden verblassen mit der Zeit
und das Warten war vergebens, doch die Sehnsucht bleibt.

Immer wieder

Immer wieder nehm ich mir vor, dass ich dir sag,
wie wahnsinnig gern ich dich seit langem schon mag.
Immer wieder sind meine Träume von dir so schön,
immer wieder mach ich alles falsch, wenn wir uns sehen.

Immer wieder schlafe ich abends schlecht ein,
immer wieder bin ich traurig und im Herzen allein.
Schon ewig hat die Sehnsucht über mich die Macht
und legt sich wie ein Panzer um mich, jede Nacht.

Es ist so schwer, den Abstand in deiner Nähe zu ertragen,
am liebsten möchte ich dich nach deinen Gefühlen fragen.
Beim Tanzen warst du mir wieder so vertraut
und ich habe sie gespürt, die Wärme deiner Haut.

Ich war fast Eins mit dir in meinen Gedanken,
dann brichst du ab und weist mich in die Schranken.
Warum hast du dann diesen sehnsuchtsvollen Blick?
Schickst du mich doch immer wieder auf Abstand zurück.

Mein Herz

Mein Herz hat um sich ein Haus gebaut,
zu viel Traurigkeit hat sich dort aufgestaut.
Es hat ganz viele Narben und Wunden,
hat ewig auf dich gewartet und sich geschunden.

Mein Herz hat gebetet fast jede Nacht
und sich immer wieder Hoffnung gemacht.
Es hat vergebens an deine Signale geglaubt
und ihm unendlich viel Kraft geraubt.

Mein Herz wollte sich mit deinem verbinden
und gemeinsam die ersehnte Liebe finden.
Es muss sich jetzt schützen, weil es sonst bricht,
mehr ertragen kann es zur Zeit nicht.

Mit deiner Liebe

Er wär so schön …
mit dir barfuß im Gras spazieren zu gehen,
mit den Füßen in einem Bach zu stehen,
mit den Händen Regentropfen zu fangen,
mit einem Lächeln in dein Herz zu gelangen.

Es wär so schön …
mit dir in Nachbars Garten Kirschen zu klauen,
wie die Kinder Burgen aus Sand zu bauen,
mit dir jeden Tag etwas Neues zu entdecken,
dich mit einem Kuss am Morgen zu wecken.

Es wär so schön …
mit dir eine ganze Nacht lang zu tanzen,
kleine Herzen in eine Baumrinde zu stanzen,
eng umschlungen mit dir am Meer zu stehen,
ohne Klamotten in den Wellen baden zu gehen.

Es wär so schön …
dich auf einer Sommerwiese zu verführen,
deinen Herzschlag auf meiner Haut zu spüren,
mit dir weit oben über den Wolken zu fliegen,
mit deiner Liebe über alle Zweifel zu siegen.

Weihnachtswunsch

Es ist schon dunkel, von fern höre ich die Glocken.
Wie wild tanzen um mich schneeweiße Flocken.
Ich atme ganz tief von dieser Winterluft,
sie ist gemischt mit Zimt- und Apfelduft.

Hinter den Fenstern glänzen Weihnachtskerzen
und ich fühle unendliche Leere in meinem Herzen.
Wie schön wäre es, jetzt dich hier zu sehen
und ein Stück mit dir in Richtung Zukunft zu gehen.

Dahin, wo das Lachen den Tag noch gewinnt,
nicht die Zeit ohne Inhalt durch die Hände rinnt.
Dahin, wo die Nacht wieder Träume hat,
nicht die Dunkelheit über meine Seele wacht.

Ich wünsche mir ..
Einen Mund, aus dem die Liebe spricht,
ein Gefühl, das mein Herz nicht bricht,
einen starken Arm, der mich halten kann,
einen Blick, der mir sagt, du bist **der** Mann.

Nachgedacht

Die Kirche ist für mich ein stiller Ort,
unendlich scheint hier die Zeit.
Tränen spülen Staub von der Seele fort,
mein Herz wird wieder warm und weit.

Ich sehe mir die Menschen genau an,
Eine behinderte Frau schaut zu mir.
Wie klein wirken meine Sorgen dann
und **ich** sehne mich immer nur nach **dir**.

Sie sieht viel glücklicher aus als ich,
nimmt ihr Schicksal ohne Klage in Kauf.
Ich denke darüber nach und schäme mich.
So zufrieden sein wie sie, möchte ich auch.

Dann ist es nicht so wichtig, ob du mich liebst.
Ich muss nicht warten auf ein Zeichen von dir.
Es ist egal, ob du mir deine Zärtlichkeit gibst.
Es ist gleichgültig, ob ich dein Lächeln verlier.

So komme ich langsam wieder ins Vertrauen,
lerne von neuem auf die innere Stimme zu bauen.
Ich weiß, auf meine Seele gibt da jemand acht,
auch wenn mein Herz mal einen Fehler macht.

Geld vs Liebe

Viele Wochen sind unendlich Tränen geflossen.
Du hast meine Zuneigung für dich sehr genossen.
Hast du dir nur einen Spaß daraus gemacht
und mich vollkommen durcheinander gebracht?

Klemmst du an Gewohnheit oder am Geld?
Es ist schade, wenn das alles ist, was zählt.
Dem Herzen zu folgen, kann nie schaden,
aber dafür muß man sich vorwärts wagen.

Du kannst nichts mitnehmen,
nicht nach oben, nicht nach unten,
hast du dich auch noch so geschunden,
modernisiert und gebaut,
dem Glück nur materiell vertraut.

Ich habe die Sehnsucht in deinen Augen gesehen,
habe versucht, dir einen Schritt entgegen zu gehen.
Wäre der Weg frei, wäre es ganz sicher passiert
und du müsstest nicht lügen, ich hätte dich irritiert.

Es ist traurig, wenn du dich selbst so blockierst,
aus Angst, das du vielleicht deinen Stolz verlierst.
Zu gern hätte ich dir alles von mir gegeben,
denn so ein Gefühl gibt es nur selten im Leben.

Tage ohne Licht

Die Tage haben für mich kein Licht,
wie ich wirklich bin, das weißt du nicht.
Meine Zweifel haben den Weg versperrt
und für dich das Bild von mir völlig verzerrt.

Aus Sehnsucht habe ich alles auf eine Karte gesetzt,
es hat dich amüsiert und mich sehr verletzt.
Ich denke, es ist eine Fassade vor deinem Gesicht.
Was du denkt und fühlst, das sagst du nicht.

Glücklich kannst du bestimmt nicht sein,
schaust nicht umsonst so tief in meine Augen hinein.
Du kannst es leugnen, um deine Haut zu retten,
Gefühle sind für mich da, ich könnt drauf wetten.

Baut sich auch eine Mauer zwischen uns auf,
wenn ich dich sehe, bist du mir nah und vertraut.
Ich kann nur versuchen, dich zu ignorieren,
um den Schmerz in meinem Herzen nicht zu spüren.

Chaos im Herzen

Warum drehen sich meine Gedanken ständig im Kreis?
Warum lege ich meine Gefühle für dich nicht auf Eis?
Warum kann ich dich nicht einfach vergessen?
Warum wird mein Herz von dieser Sehnsucht zerfressen?

Wieviel Schmerz habe ich um dich schon ertragen?
Wie lange quälen mich noch tausende von Fragen?
Wie oft haben wir uns schon in die Augen gesehen?
Wie immer ist danach wieder nichts geschehen!

Nie wieder will ich diesen unerträglichen Schmerz!
Nie wieder brauche ich dieses Reißen in meinem Herz!
Nie wieder möchte ich in Sachen Liebe verlieren!
Nie wieder möchte ich diese Leere in mir spüren!

Warum kann ich dich nicht einfach hassen?
Warum können meine Träume nicht von dir lassen?
Warum dulde ich diese seelischen Schläge?
Warum gehe ich nicht endlich andere Wege?

Absturz ins Nichts

Ich glaube nicht mehr an das Glück
und lass mein Herz bei dir zurück.
Es ist kaputt, du kannst es behalten
und im Depot ‚gebrochene Herzen' verwalten.

Der Boden unter meinen Füßen ist dünn geworden.
Mir weht ein eisiger Wind entgegen von Norden.
Lange her, da schien mir die Sonne in's Gesicht.
Jetzt zieht der graue Nebel mit mir vor's Gericht.

Ich setz mich hin, ich steh wieder auf,
die Angst steigt hoch, ich muss hier raus.
Ich will mich zwingen, doch ich hab keine Kraft.
Was ist los? Ich hab's doch immer geschafft.

So kommt der nächste Morgen, der mich bricht,
ohne einen Funken Freude und ohne Licht.
Schon Panik vor der nächsten Nacht,
Albträume haben mich um den Schlaf gebracht.

Alles ist jetzt so trostlos und leer.
Es ist ein Gefühl, als käme nichts mehr.
Es tut mir weh, dich nicht mehr zu sehen,
doch für mich gab's nur eine Lösung: zu gehen.

Ich danke all den Menschen, die mich
auf meinem Weg bisher begleitet und
meine Entwicklung forciert haben.

Anhang

Genehmigungspflichtige Fotos:

Vorderseite Umschlag: Daniel Mehnert und Julia Pentzold

Seite 18   Burgberg mit Amtsgericht Meißen

Seite 20   Porträtfoto Gisela Schmorde

Seite 54   Bergkirche Tharandt

An dieser Stelle meinen herzlichen Dank für die Genehmigung zur Veröffentlichung dieser Bilder.

Über tredition

EIN EIGENES BUCH VERÖFFENTLICHEN

tredition wurde 2006 in Hamburg gegründet. Seitdem hat tredition mehrere tausend Buchtitel veröffentlicht. Autoren veröffentlichen in wenigen leichten Schritten gedruckte Bücher, e-Books und audio-Books. tredition hat das Ziel, die beste und fairste Veröffentlichungsmöglichkeit für Autoren zu bieten.

tredition wurde mit der Erkenntnis gegründet, dass nur etwa jedes 200. bei Verlagen eingereichte Manuskript veröffentlicht wird. Dabei hat jedes Buch seinen Markt, also seine Leser. tredition sorgt dafür, dass für jedes Buch die Leserschaft auch erreicht wird.

Im einzigartigen Literatur-Netzwerk von tredition bieten zahlreiche Literatur-Partner (das sind Lektoren, Übersetzer, Hörbuchsprecher und Illustratoren) ihre Dienstleistung an, um Manuskripte zu verbessern oder die Vielfalt zu erhöhen. Autoren vereinbaren direkt mit den Literatur-Partnern die Konditionen ihrer Zusammenarbeit und partizipieren gemeinsam am Erfolg des Buches.

Das gesamte Verlagsprogramm von tredition ist bei allen stationären Buchhandlungen und Online-Buchhändlern wie z. B. Amazon erhältlich. e-Books stehen bei den führenden Online-Portalen (z. B. iBookstore von Apple oder Kindle von Amazon) zum Verkauf.

Jetzt ein Buch veröffentlichen: **www.tredition.de**

EINE BUCHREIHE ODER VERLAG GRÜNDEN

Seit 2009 bietet tredition sein Verlagskonzept auch als sogenanntes "White-Label" an. Das bedeutet, dass andere Personen oder Institutionen risikofrei und unkompliziert selbst zum Herausgeber von Büchern und Buchreihen unter eigener Marke werden können. tredition übernimmt dabei das komplette Herstellungs- und Distributionsrisiko.

Zahlreiche Zeitschriften-, Zeitungs- und Buchverlage, Universitäten, Forschungseinrichtungen, u.v.m. nutzen diese Dienstleistung von tredition, um unter eigener Marke ohne Risiko Bücher zu verlegen.

Alle Informationen im Internet: **www.tredition.de/Buchverlage**

tredition wurde mit mehreren Innovationspreisen ausgezeichnet, u. a. Webfuture Award und Innovationspreis der Buch-Digitale.

tredition ist Mitglied im Börsenverein des Deutschen Buchhandels.

Zeitfracht Medien GmbH
Ferdinand-Jühlke-Straße 7
99095 Erfurt, Deutschland
produktsicherheit@kolibri360.de